AF338789

DISCOURS

EN FAVEUR DE L'ŒUVRE

DES TOMBES ET DES PRIÈRES

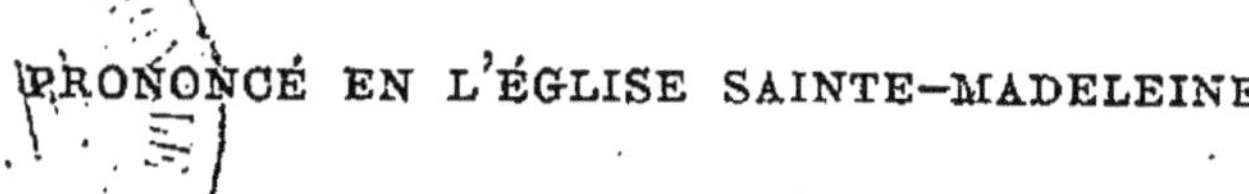

PRONONCÉ EN L'ÉGLISE SAINTE-MADELEINE

PAR MGR FREPPEL

ÉVÊQUE D'ANGERS

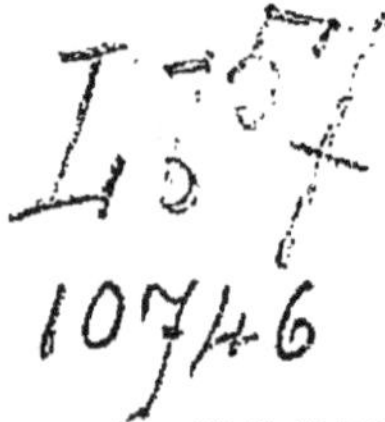

PARIS

A. ROGER & F. CHERNOVIZ, LIBRAIRES-ÉDITEURS

7, RUE DES GRANDS-AUGUSTINS, 7

—

1892

Droits réservés

DISCOURS

EN FAVEUR DE L'ŒUVRE

DES TOMBES ET DES PRJÈRES

> *Venit cum suis Judas ut corpora prostratorum poneret in sepulchris paternis ; et facta collatione, duodecim millia drachmas argenti misit Hierosolymam offerri pro peccato sacrificium.*
>
> « Judas vint avec les siens pour déposer les morts dans les sépulcres de leurs pères ; après avoir fait une collecte, il envoya à Jérusalem douze mille drachmes d'argent, afin d'offrir un sacrifice pour leurs péchés. »
>
> (II MACHAB., XII, 39, 43.)

ÉMINENCE (1), MES FRÈRES,

La voilà bien décrite à l'avance dans une page fameuse, l'Œuvre en faveur de laquelle je viens intéresser vos cœurs : l'Œuvre des tombes et des prières. Honorer les restes des soldats

---

(1) S. Ém. le cardinal Guibert.

morts pour la patrie et soulager leurs âmes par
l'oblation du sacrifice, ce fut le premier soin
des Machabées après la délivrance du territoire
national. Telle a été aussi l'une de vos plus vives
préoccupations, au lendemain d'une guerre qui
laissait après elle tant de deuils et d'infortunes.
Nos légions vaincues étaient encore dispersées
sur la terre d'Allemagne, devenue pour elles un
calvaire de souffrances, que déjà la pensée de
votre Œuvre avait germé dans les âmes généreuses ; et, comme l'on devait s'y attendre, c'est
dans les rangs de l'armée captive qu'elle ren-
contra ses promoteurs les plus zélés. L'on vit
alors ce touchant spectacle, d'hommes réduits
eux-mêmes au dénuement le plus complet, et
néanmoins tout joyeux de prélever sur leur
misère l'obole du dévouement, pour ne pas
laisser sans honneur la sépulture de leurs frères
d'armes.

Des bords du Rhin aux rives de l'Elbe et
de l'Oder, cent quatre-vingt-cinq monuments
s'élevèrent à la mémoire des dix-huit mille
braves qui venaient de succomber sur la terre
étrangère ; et sous l'impulsion d'un zèle aussi
pieux que charitable, il ne resta bientôt plus

une seule tombe que la croix ne fût venue surmonter, comme le signe suprême du souvenir et de l'espérance. En même temps que l'amitié suppléait, par ces marques de respect, aux soins de la famille et de la patrie absentes, la foi multipliait ses prières : dans soixante-cinq villes d'Allemagne, des anniversaires de messes se fondaient à perpétuité, pour le repos de ces âmes que la religion avait entourées de ses derniers secours. Grand exemple que la France catholique donnait au monde entier : ses ennemis eux-mêmes ne pouvaient se défendre d'une admiration qui s'imposait à leurs ressentiments, et c'est le cœur ému qu'un évêque allemand disait au zélé religieux qui présidait votre œuvre (1) : « La France est toujours elle-même ; vous faites là une œuvre digne de toute louange. Pour accomplir de telles choses, il faut croire à Dieu, à la résurrection de la chair et à l'immortalité des âmes. Un peuple qui garde ses convictions ne saurait périr. »

----

(1) Mgr Namzanowski, aumônier supérieur des armées allemandes, au P. Joseph, président de l'Œuvre des tombes et des prières.

Née dans les douleurs de l'exil, l'Œuvre des tombes et des prières devait se prolonger sur le sol même de la patrie. Ah ! là aussi, là surtout, les deuils avaient succédé aux deuils, et les ruines aux ruines. Que de jeunes hommes tombés sur ce vaste champ de bataille qui s'étendait du Rhin à la Loire ! Là, du moins, sur la terre natale, ni les honneurs ni les prières ne pouvaient manquer aux nobles victimes d'une guerre désastreuse. Monuments commémoratifs, éloges funèbres, services solennels, tout ce que la foi et le patriotisme ont su trouver de plus émouvant est venu témoigner d'une sympathie aussi grande que la cause elle-même. Et cependant, cette dette d'affection et de reconnaissance est-elle entièrement acquittée ? Hier encore, dans cette zone funèbre que vingt combats avaient formée autour de la capitale assiégée, des soins pieux recueillaient les restes de nos soldats inhumés à la hâte, pour les déposer dans des tombes plus dignes d'eux. Sur un autre point du territoire, qui réveille des souvenirs plus douloureux encore, là même où notre puissance militaire est allée se briser en un jour d'infortune suprême, dans ce village de Bazeilles, dont le nom restera désormais inséparable de nos malheurs publics, une crypte attend les dépouilles mortelles des guerriers tombés sous les murs de Sedan. Et les âmes, Mes Frères, les âmes de ces généreux défenseurs de la patrie n'ont-elles pas droit à un souvenir permanent? Et ce souvenir, qu'est-ce qui peut le rendre efficace, sinon la prière revenant chaque année puiser une nouvelle vertu dans le sacrifice expiatoire de la croix, prolongé sur l'autel? Vous le voyez, l'Œuvre des tombes et des prières n'a pas achevé sa tâche; et c'est pour lui permettre d'étendre ses bienfaits par toute la France, que ses fondateurs m'ont chargé d'être leur interprète auprès de vous.

Nommer une telle œuvre dans une assemblée de chrétiens et de Français, c'est lui ouvrir d'avance le chemin de tous les cœurs. Mais comme toute œuvre porte avec elle son enseignement, je voudrais faire ressortir le caractère religieux et moral de celle dont je dois vous entretenir. L'Œuvre des tombes et des prières est, d'une part, une affirmation publique du dogme de l'immortalité de l'âme et de la résurrection de la chair; et, de l'autre, un éclatant hommage rendu à la grandeur et au mérite du dévouement militaire. Or, soit qu'elle proclame la doctrine, soit qu'elle glorifie le sacrifice, elle répond aux questions les plus vitales de l'heure présente. Telles sont les deux pensées que j'ai l'intention de développer dans ce discours.

I

Il y a deux choses qui occupent une place à part dans le respect des hommes. A tel degré de civilisation qu'un peuple soit parvenu, sauvage ou policé, il éprouve devant l'une ou l'autre de ces deux choses un sentiment dont il ne peut pas se défendre. Nul autre monument, si auguste soit-il, n'est à l'abri de ses haines et de ses coups. Les palais de la souveraineté, il peut les renverser en un jour d'aveugle fureur ; et quand la passion du mal soulève sa poitrine, il est capable de porter une main sacrilège jusque sur les temples de la divinité et sur les autels du sacrifice. Mais il y a deux faiblesses

qui le désarment et qui tiennent son bras
enchaîné ; il y a deux respects qui s'imposent à
toutes les opinions et qui triomphent de toutes
les colères, le respect de l'homme qui vient de
naître et le respect de l'homme qui vient de
quitter la vie, le respect du berceau et le respect
de la tombe.

Quand je constate ainsi le respect général,
constant, de tous les peuples pour ces deux
choses qui marquent les deux extrémités de la
vie humaine, je n'ignore pas que ce respect,
lui aussi, a eu ses exceptions. Il me suffirait,
pour m'en souvenir, de me reporter à quatre-
vingts ans en arrière et de me représenter une
bande de forcenés allant, non loin d'ici, jeter
aux vents la cendre de nos rois, violer des tom-
beaux que la majesté de la mort, à défaut de
toute autre, aurait dû protéger contre de tels
outrages, et s'acharner avec une rage impie
contre les restes de ceux qui avaient fait l'unité
et la grandeur de la France. Mais est-ce bien
du nom d'hommes qu'il convient de saluer des
êtres que l'athéisme avait fait descendre au-
dessous de l'humanité ? Et si M. de Maistre a
pu dire que, par certains côtés, la révolution

française a eu un caractère satanique, n'est-ce pas dans de pareilles scènes qu'il faut chercher l'action de ces puissances ténébreuses, dont la haine est seule capable de porter le crime à un degré de malice qui n'a plus d'humain que le nom ?

L'exception, que l'athéisme révolutionnaire m'a obligé d'introduire dans mon sujet, ne suffit donc pas pour enlever au respect de la tombe son caractère d'universalité. Si je pouvais l'oublier, vos souvenirs redresseraient ma parole, et à l'instant même, des pyramides de l'Égypte au mausolée d'Adrien, toute l'antiquité se lèverait devant vous avec la splendeur et la magnificence de ses monuments funéraires, avec ses hypogées, ses nécropoles, ses catacombes, ses sarcophages encore debout, malgré les ravages du temps, comme pour témoigner d'une vénération aussi ancienne que le monde. Mais qu'est-ce que ces marques de respect, si éclatantes qu'elles soient, auprès du culte que l'humanité chrétienne rend à ses morts ? De même que la crèche de Béthléem couvre désormais tous les berceaux de son inviolabilité, ainsi le sépulcre du Calvaire est-il venu prêter à toutes les tombes une majesté nouvelle. Regardez l'autel du sacrifice : c'est une tombe, la tombe d'un martyr. Cherchez le champ des morts au milieu de nos populations chrétiennes, vous le trouverez à l'ombre de l'église, dont il est la suite et le prolongement, terre bénite, lui aussi, terre sainte, comme le sanctuaire même de la divinité.

Avez-vous réfléchi, Mes Frères, à l'énergie de cette expression reçue dans toutes les langues : profaner un tombeau ? On ne profane que ce qui est sacré. Si haut que puisse monter tout autre attentat, il n'atteint pas jusqu'au sacrilège. Seules de tous les lieux de la terre, l'Église et la tombe, le temple de Dieu et la demeure des morts, ne sauraient être outragées, sans qu'à l'outrage vienne s'ajouter la profanation : tant est grand, tant est profond le respect attaché à ce coin de terre qui recouvre les dépouilles mortelles de l'homme !

Qu'est-ce donc qui donne à la tombe de l'homme un caractère sacré ? D'où vient ce respect religieux, qui, toujours et partout, accompagne et suit les tristes débris de l'existence humaine ? C'est que, dans la croyance universelle du genre humain, la tombe est le seuil de l'éternité ; c'est que la grande doctrine de l'immortalité de l'âme et de la résurrection de la chair explique et justifie toutes ces démonstrations. Oui, si l'âme survit au corps, si cette divine architecture elle-même n'est pas détruite sans retour, si l'homme tout entier est destiné à redevenir lui-même à la fin des temps : oh alors ! je comprends ces soins pieux, cette vénération, ce culte. C'est la dépouille d'une âme qui, n'ayant pas cessé de vivre, la reprendra un jour ; c'est un temple que la main du Tout-Puissant rebâtira dans la suite ; c'est un sanctuaire dont Dieu réunira plus tard les pierres dispersées : tout cela mérite de l'honneur, du respect ; il y a là quelque chose de saint et de sacré. Mais si tout finit à la mort, si le néant est le dernier mot de la destinée humaine, si nous ne sommes plus en présence que de quelques molécules de matière sans nom, sans dignité, sans avenir, s'il ne reste plus rien de réel, de vivant, à quoi puissent se rapporter nos pensées, nos affections, nos souvenirs, si tout cela s'est dissipé comme un souffle dans l'air, que signifie dès lors le respect de la tombe? A quoi bon tout cet appareil et toutes ces pompes pour un amas de pourriture plus ou moins bien enveloppé, et qu'il ne s'agit désormais que de faire disparaître au plus vite et au plus loin, comme un objet d'horreur et de dégoût?

Vous protestez, Mes Frères, contre une telle supposition. C'est toute l'humanité qui proteste avec vous, et elle proteste surtout par le culte des morts. Le respect de la tombe est le dernier sentiment qui s'efface du cœur d'un peuple, tant la croyance à l'immortalité de l'âme est enracinée dans la conscience humaine. Voyez ces masses ouvrières qui s'agitent au milieu de vous : on leur a enlevé pour ainsi dire le respect de toutes les grandes choses qui font la force et l'honneur du genre humain, le respect du devoir, le respect de la famille, le respect de la souveraineté, le respect de la religion elle-même ; seul le culte des morts est resté debout sur les débris d'une foi ruinée, trop souvent, par l'inconduite et le sophisme. Et, pendant les vingt ans qu'il m'a été donné de passer dans cette capitale, ce n'est jamais sans une vive émotion que j'ai vu revenir ce grand jour de l'année, où Paris semble n'être plus dans lui-même, mais où il faut le chercher tout entier au champ des morts ; cette fête des trépassés, comme l'appelle le peuple dans son langage expressif, où le travail s'arrête, où l'atelier se ferme avant l'heure, où la vie publique est comme suspendue, où grands et petits, riches et pauvres, tous s'acheminent en silence vers le champ du repos et s'y pressent en foule, respectueux et attendris. Les sophistes ont beau dire à ce peuple que la question des fins dernières n'est plus qu'une question de physique et de chimie, il peut bien les écouter par intervalles, sous l'empire de la haine et dans l'entraînement des passions ; mais lorsqu'arrive le moment de manifester sa vraie croyance par un acte solennel, il s'en va protester en masse, contre eux et contre lui-même, sur la tombe des morts : il y dépose avec émotion les emblèmes de l'immortalité ; à travers le temps et l'espace, il donne la main à ceux qui ne sont plus sur la terre ; son cœur s'élance vers eux, et avec son cœur sa foi et ses espérances dans un avenir éternel : *Spes illorum immortalitate plena est* (1).

Ah ! je le sais, et je m'en épouvante pour mon pays, cette foi restée vivante au cœur du peuple, en dépit de toutes les attaques, on voudrait la forcer aujourd'hui jusque dans son dernier retranchement. Un matérialisme oppresseur et fanatique s'acharne à la détruire avec une fureur qui ne connaît plus de limites. Nous l'avons vu, nous le voyons encore se donner en spectacle dans nos villes et jusque dans nos campagnes. Et quelles scènes, grand Dieu ! Ces sinistres figures qui montent la garde autour du pauvre mourant, pour élever entre lui et Dieu une barrière infranchissable ; ces lugubres convois qui promènent l'athéisme dans les rues ; ces tombes sur lesquelles ne descend plus aucune prière ni aucune bénédiction ; ces défis jetés publiquement à l'éternelle justice ; ces saturnales du néant qui s'achèvent entre un ricanement et un blasphème : non l'histoire du XIXᵉ siècle n'aura pas de plus triste page que celle-là. Chose

---

(1) Sagesse, III, 4.

étrange ! ce siècle s'annonçait avec des aspirations élevées : on nous parlait en style pompeux de la dignité de l'homme, des grandeurs de l'esprit, des magnificences de la pensée ; on exagérait même tous ces titres de noblesse au point d'oublier nos misères et nos infirmités. Et voilà que tous ces panégyriques sont venus aboutir aux théories et aux pratiques les plus avilissantes. Quelle chute, Mes Frères, et quelle confusion ! et n'est-ce pas le cas de s'écrier avec saint Augustin : vous êtes tombés, pour avoir osé vous insurger contre Dieu : *cecidistis ascendendo contra Deum* (1). Vous avez voulu mettre la raison humaine au-dessus de la révélation divine, vous avez cru pouvoir vous passer du Christ et de son Église, et vous êtes descendus au-dessous de vous-mêmes : *cecidistis ascendendo contra Deum*. Non, jamais la parole du Prophète ne s'est mieux vérifiée : « L'homme n'a pas compris le degré d'honneur auquel Dieu l'a élevé : il s'est assimilé aux animaux sans raison, et il leur est devenu semblable : *Homo*

---

(1) Confessions, I, IV, c. 12.

cum in honore esset, non intellexit : compa-
ratus est jumentis insipientibus, et similis
factus est illis (1).

En présence de tels abaissements et de telles négations, il importe plus que jamais de proclamer hautement le dogme de l'immortalité de l'âme et de la résurrection de la chair. Voilà pourquoi l'OEuvre des tombes et des prières se recommande d'elle-même à vos sympathies chrétiennes.

Elle regarde en face, elle combat de front la plus grande erreur de ce temps. En fondant des anniversaires de prières pour les morts, vous affirmez la communion du monde visible avec le monde invisible, les liens qui unissent le temps à l'éternité. Par les honneurs dont vous l'environnez, au sein même de ses humiliations, par le signe vainqueur que vous plantez sur ces débris, vous affirmez que la chair de l'homme, semée dans la faiblesse, comme disait l'apôtre, se relèvera dans la force, *surget in virtute;* qu'elle germera pour la gloire, *surget in gloria;*

---

(1) Psaume XLVIII, 13, 21.

qu'elle ressuscitera incorruptible, *surget in incorruptione* (1). Par le soin que vous prenez d'en recueillir les restes dans des tombes dignes d'eux, vous affirmez, en face de l'incrédulité contemporaine, que Dieu ne laisse pas tomber en ruines sans la réédifier un jour cette chair qui, selon le magnifique langage de Tertullien, est l'œuvre de ses mains, l'objet de son industrie, l'enveloppe de son souffle, la reine de sa création, l'héritière de sa libéralité, la prêtresse de sa religion, le soldat de la foi, la sœur du Christ : *manuum suarum operam, ingenii sui curam, afflatus sui vaginam, molitionis suæ reginam, liberalitatis suæ hæredem, religionis suæ sacerdotem, testimonii sui militem, Christi sui sororem* (2).

Grande et salutaire leçon que vous donnez sur tous les points de la France. Mais là ne s'arrête pas l'utilité et la portée morale de votre œuvre. S'il est, en effet, une tombe qui mérite l'honneur et le respect, c'est la tombe de l'homme qui a versé son sang pour sa patrie ; s'il est une âme

---

(1) Ire aux Cor., xv, 42, 45.
(2) *De resurrectione carnis*, ix.

envers laquelle nous contractions la dette de la prière, c'est l'âme du soldat qui s'est sacrifié pour la défense de nos intérêts les plus chers. Affirmation solennelle du dogme de l'immortalité de l'âme et de la résurrection de la chair, l'Œuvre des tombes et des prières est de plus un éclatant hommage rendu à la grandeur et au mérite du dévouement militaire : c'est le sujet de ma seconde partie.

II

Parmi tous les problèmes qui se posent à la raison de l'homme, il en est un dont la grandeur n'a d'égale que sa difficulté. Parcourez toute l'histoire du genre humain, vous y trouverez, presque à chacune de ses pages, un fait aussi mystérieux que terrible. A le voir si général, si constant, l'on dirait une loi du monde, si le mal pouvait jamais être l'objet d'une loi. Comme l'observait M. de Maistre, cherchant à déchiffrer cette redoutable énigme, « rien n'est plus contraire à la nature de l'homme, et rien ne lui répugne moins : il fait avec enthousiasme ce qu'il a en horreur (1). » Écoutez-le raisonner de pareils actes avec sang-froid : il y verra l'une des plus grandes extravagances humaines ; et par suite de je ne sais quel éblouissement dont il a peine à se rendre compte, il n'hésitera pas à les élever au sommet de la gloire. Hier c'était une insigne folie, demain ce sera, comme le disait Montaigne, « la plus grande et pompeuse des actions humaines ». Mille voix s'élèveront pour célébrer la douceur des mœurs, et la nation réputée la première sera celle qui aura apporté le plus de persévérance et de génie dans l'art de la destruction. Étrange contradiction! L'homme, né pour aimer, ne peut assister l'œil sec à une souffrance de son semblable, et à un moment donné il se fait de cette souffrance un jeu ; il arrive à l'enthousiasme du carnage ; et alors, quel spectacle! Des nations se précipitant l'une sur l'autre pour une querelle souvent insigni-fiante, des milliers d'hommes allant s'entr'égor-ger sans avoir aucun sujet de s'en vouloir et sans même se connaître. Non, il n'est pas, dans l'ordre naturel, de mystère moins compréhen-

---

(1) *Soirées de Saint-Pétersbourg*, 7ᵉ entretien.

sible que la guerre ; et pour s'expliquer un fait si déraisonnable et si universel tout ensemble, il faut se rappeler quels troubles profonds l'orgueil et la convoitise ont portés, dès l'origine, dans la divine économie de la société humaine.

Je ne saurais donc partager les espérances de ces esprits généreux, mais chimériques, qui croient pouvoir rêver, dans un avenir plus ou moins éloigné, la disparition complète de ces luttes sanglantes. Autant vaudrait dire qu'il arrivera un moment où la raison et la justice triompheront de tous les hommes, où l'orgueil et les passions n'auront plus d'empire ni sur les nations ni sur leurs chefs. Et cependant la civilisation chrétienne a-t-elle dit son dernier mot ? L'humanité régénérée par le Christ ne verra-t-elle jamais s'élever au milieu d'elle, reconnu et accepté de tous, un tribunal suprême, chargé de prévenir ces choses épouvantables par la sagesse et la fermeté de ses jugements ? Et quel peut être ce tribunal, si ce n'est celui du gardien incorruptible de la morale, du droit et de la justice ? Où trouver une raison plus haute, plus calme, plus impartiale, que dans cette auguste paternité, qui embrasse le monde dans une sollicitude sans partage et sans limites? Où trouver des garanties plus sûres d'équité et de modération que dans cette autorité centrale et unique, qui, par sa faiblesse matérielle, ne saurait porter ombrage à personne, et qui, par ses lumières et ses vertus, mérite la confiance et le respect de tous? Est-ce que la médiation désintéressée, est-ce que l'arbitrage pacifique du Vicaire de Jésus-Christ, tombant sur des haines prêtes à s'entrechoquer, ne serait pas infiniment préférable à ces tueries d'hommes qui viennent périodiquement semer le deuil et l'épouvante parmi les peuples! Qui oserait dire le contraire? Je ne sais si la miséricorde divine réserve à l'humanité un pareil avenir; mais ce que je puis affirmer, c'est que jamais le bon sens et la raison, le droit et l'honneur, la justice et la charité n'auront remporté ici-bas de triomphe plus éclatant.

Quoi qu'il en soit, Mes Frères, dans l'état présent des sociétés humaines, la patrie est obligée de demander à un grand nombre de ses fils un dévouement à toute épreuve; et ce dévouement est tel que je n'en connais pas de plus grand, après celui que l'Église demande à ses ministres. Il s'agit pour le jeune soldat de quitter sa famille, d'interrompre une carrière à peine commencée, de se plier à une discipline rigoureuse entre toutes, de n'avoir plus d'autre volonté que celle de ses chefs, et de se lever au premier signal pour aller offrir sa poitrine aux coups de l'ennemi. Réduit à ces termes, le dévouement militaire est déjà ce qu'il y a de plus noble et de plus méritoire dans l'ordre naturel. Mais quand il devient le sacrifice de la vie, quand ce jeune homme, la veille encore plein de vigueur et de santé, tombe le lendemain sous une balle meurtrière, ou bien qu'il va s'éteindre dans des souffrances d'autant plus cruelles qu'elles sont plus longues; oh! alors, je me demande si, véritablement, nous avons de quoi égaler nos récompenses à son mérite, et si nous ne sommes pas impuissants à élever notre reconnaissance à la hauteur de son dévouement!

Ah! je le sais, il est un mot, en apparence magique, par lequel on croit avoir répondu à tout : la gloire. Je relisais, ces jours derniers, deux chefs-d'œuvre de l'éloquence humaine : l'oraison funèbre des soldats athéniens, par Périclès, et l'éloge que faisait Cicéron des morts de la légion

de Mars (1). La gloire, une renommée éternelle,
voilà tout ce que la patrie peut faire pour ces
généreuses victimes : *memoria bene redditæ
vitæ sempiterna.* J'en demande pardon à ces
deux grands orateurs, qui étaient en même
temps de grands citoyens ; mais appliqué à de
pauvres soldats, dont le nom ne passera jamais
à la postérité, un pareil langage est presque une
dérision. Ce jeune homme, que le devoir est allé
prendre dans les bras de sa famille, et que la
mort est venue frapper avec mille autres sur un
champ de bataille, oh non ! la gloire ne l'attend
pas ; il ne se fera pas le moindre bruit autour de
son nom ; son héroïsme obscur et ignoré pourra
bien servir de piédestal à une renommée quel-
conque ; mais pour lui, qui s'est borné à tomber
en brave au poste où l'enchaînait le commande-
ment, tout se réduira au silence et à l'oubli.
Que parlez-vous de réputation, de mémoire
immortelle, à propos de cet homme dont le
dévouement disparaît dans le grand nombre !

---

(1) Thucydide, *Guerre du Péloponèse*, ii, 7. — Cicéron,
XVIe Philippique, 11 et 55.

Jamais l'histoire n'aura pour lui l'ombre d'un souvenir, et si sa mémoire vit encore quelque part, c'est dans le cœur d'une pauvre mère qui, au fond d'un village reculé, pleure le fils qu'elle a perdu et cherche à étouffer ses larmes dans sa foi et dans sa résignation chrétienne.

Voilà ce qui reste, en fait de gloire et de renommée, à l'immense majorité de ces braves qui versent leur sang pour la patrie. Si donc nous en étions réduits à payer de la sorte une dette sacrée entre toutes, avouons-le, Mes Frères, nous serions dans l'impuissance absolue de l'acquitter dignement. Mais non, grâce à Dieu, il n'en est pas ainsi. Si le nom de ces martyrs du dévouement militaire s'efface de la mémoire des hommes, il demeure à jamais dans la pensée divine; si leur souvenir s'éteint avec le temps, eux-mêmes se survivent dans l'éternité; et c'est là que notre reconnaissance peut les suivre et les atteindre par le seul témoignage qui puisse leur profiter : la prière, l'application des mérites infinis du sacrifice de l'Homme-Dieu. « Car, dit l'Écriture, c'est une sainte et salutaire pensée de prier pour les morts, afin qu'ils soient délivrés de la peine due à leurs péchés (1). » La prière, ah ! elle, du moins, peut s'étendre à tous, aux soldats les plus obscurs comme aux capitaines les plus illustres ; et sa vertu n'est pas moins souveraine pour les uns que pour les autres : teinte du sang de Jésus-Christ et transfigurée par sa grâce, elle possède une efficacité surnaturelle.

Seule de toutes les voix de la terre, la voix de la prière monte jusqu'au trône de Dieu, y fait taire la justice pour ne plus laisser parler que l'amour. Quel autre tribut de reconnaissance pourrait lui être comparé ? Elle est plus féconde que les larmes, elle a plus de prix que les honneurs, elle pénètre plus loin que le souvenir ; pour elle, il n'y a plus d'obstacles, il n'y a pas de distance, il n'y a pas de durée ; le ciel s'ouvre devant elle, l'abîme se ferme derrière elle ; elle obtient tout, elle triomphe de tout.... Répandez donc vos prières sur la tombe des soldats morts pour la patrie, attachez-les par un service perpétuel à chacun de ces lieux funèbres dont le nom retentit encore si dou-

---

(1) IIe Mach., xii, 46.

loureusement dans nos cœurs, et cet éclatant hommage rendu à la grandeur et au mérite du dévouement militaire sera un encouragement pour l'avenir comme il aura été pour le passé la plus sérieuse et la plus efficace de toutes les récompenses.

Car rien n'agit plus sur les vivants que les honneurs rendus aux morts. Voulez-vous, dans ce siècle d'égoïsme, ranimer l'esprit de sacrifice et d'abnégation? Cherchez-vous à réveiller dans les âmes la flamme de l'enthousiasme, avec l'amour de la patrie et l'oubli de soi-même? Montrez à quel point vous savez entourer de vénération la mémoire et les cendres de vos héros. Montrez à cet homme auquel vous demandez le plus grand des sacrifices, qu'après sa mort la prière de la foi descendra sur sa tombe avec les regrets et la reconnaissance de tous. C'est par de telles marques d'intérêt et d'amour, que l'on relève et que l'on fortifie l'esprit militaire; et qu'y a-t-il, après l'esprit religieux, de plus important pour un pays? C'est par les armées que se préparent les grandes ruines et les grandes restaurations : elles portent dans leurs flancs la mort ou la résurrection des peuples. Et c'est pourquoi j'ai foi dans l'avenir de mon pays.

Oui, l'armée est, à l'heure présente, l'une de nos meilleures consolations. C'est là que le sentiment du devoir et le respect de l'autorité se conservent inébranlables. Habitué à suivre une règle, le soldat ne connaît pas cette indiscipline qui cherche à secouer tout frein, ni cet orgueil insensé qui ne veut souffrir aucune supériorité. Le sophisme a peu de prise sur son esprit droit et ferme ; et le bavardage des rhéteurs n'obtient pas auprès de lui le succès qu'il trouve ailleurs. Admirateur du vrai mérite, qui se révèle par des actes, il n'a que de l'éloignement pour ces médiocrités verbeuses que le hasard porte au pouvoir, et dont l'audace n'a d'égales que leur impuissance et leur incapacité. Il est la force, il est le nombre, et nul ne s'incline plus volontiers devant le droit et la justice, parce que le mensonge et l'utopie n'ont pas perverti son intelligence. Il aime ce qui est franc, ce qui est honnête, ce qui est élevé. Et comme tous les nobles sentiments s'appellent réciproquement et se rencontrent dans l'âme humaine, l'armée sait porter au plus haut point le souci de l'honneur national et le respect de la religion. C'est avec empressement que, naguère, elle rouvrait ses rangs au prêtre, parce que dans la voix du prêtre elle entendait la voix de la patrie, la voix de la France catholique, la voix de l'Église, la voix de Dieu : cette voix qui proclame ici-bas la justice et la vérité, cette voix qui rappelle aux individus et aux peuples les vraies conditions de leur grandeur et de leur félicité.

C'est là, pour nous, je le répète, au milieu des amertumes et des défaillances du temps actuel, une espérance et une consolation. Voilà pourquoi toute œuvre qui intéresse l'armée me touche profondément. Pour vous recommander celle qui fait l'objet de notre réunion, je n'ai pas hésité à quitter mon diocèse et à interrompre pendant quelques jours les travaux de ma charge pastorale ; et vous voyez par la présence de votre vénérable archevêque au milieu de vous, que mes sentiments concordent avec les siens. A vous, Mes Très Chers Frères, de répondre à notre appel par des offrandes généreuses. Ce que nous demandons à votre charité chrétienne, ce sont des tombes honorables pour nos braves soldats, victimes de la dernière guerre, ce sont des prières à perpétuité pour le repos de leur âme. Je remercie d'avance ceux d'entre vous qui sauront comprendre l'importance d'une pareille œuvre, comme je félicite de tout cœur les hommes considérables et distingués qui en ont eu l'initiative. Une nation peut subir des revers momentanés : nous en avons connu de plus d'une sorte dans le cours de notre longue et glorieuse histoire ; mais quand elle ose proclamer en face du ciel et de la terre les destinées immortelles de l'homme, quand elle sait garder avec une inviolable fidélité le souvenir de ceux qui l'ont servie et défendue, honorer leurs restes, prier pour leur délivrance, environner à jamais leur nom et leur mémoire de respect, de reconnaissance et d'amour, elle témoigne par là même de sa force et de sa vitalité : les hommes l'estiment et l'admirent, Dieu la bénit ; et, comme récompense d'une foi restée inébranlable, il lui réserve dans l'avenir des destinées aussi grandes que ses œuvres. C'est ma prière et mon souhait. Ainsi soit-il !

Angers, imp. Germain et G. Grassin. — 1887-92.

www.ingramcontent.com/pod-product-compliance
Lightning Source LLC
Chambersburg PA
CBHW071427030726
47594CB00006B/2617